Deuxième voyage au Canada (extraits)

Jacques Cartier
à Hochelaga

Mémoire d'images | Les 400 coups

Texte adapté et présenté par Françoise Ligier

Nous remercions le Conseil des Arts du Canada de l'aide accordée à notre
programme de publication et la SODEC pour son appui financier en vertu
du Programme d'aide aux entreprises du livre et de l'édition spécialisée.

Nous reconnaissons l'aide financière du gouvernement du Canada par l'entremise
du Programme d'aide au développement de l'industrie de l'édition (PADIÉ)
pour nos activités d'édition.

Gouvernement du Québec – Programme de crédits d'impôt pour l'édition
de livres – Gestion SODEC

Un remerciement tout spécial à François-Marc Gagnon, chercheur et directeur de
l'Institut de recherche Jarislowsky en art canadien, Université Concordia, Montréal,
pour ses conseils et l'idée de ce livre.

Jacques Cartier à Hochelaga a été publié sous la direction de Catherine Germain.

Design graphique et mise en couleurs : Andrée Lauzon
Révision : Marie Lauzon
Correction : Anne-Marie Théorêt
Recherche iconographique : Françoise Ligier

Diffusion au Canada
Diffusion Dimedia inc.

Diffusion en Europe
Le Seuil

© 2008 Françoise Ligier et les éditions Les 400 coups, Montréal (Québec) Canada

Dépôt légal – 1er trimestre 2008
Bibliothèque et Archives nationales du Québec
Bibliothèque et Archives Canada

**Catalogage avant publication de Bibliothèque et Archives nationales du Québec
et Bibliothèque et Archives Canada**

Ligier, Françoise, 1937-

Jacques Cartier à Hochelaga
Deuxième voyage au Canada (extraits)
(Mémoire d'images)
Pour les jeunes.

ISBN : 978-2-89540-184-1

1. Cartier, Jacques, 1491-1557 - Voyages - Ouvrages pour la jeunesse. 2. Amérique -
Découverte et exploration françaises - Ouvrages pour la jeunesse. 3. Montréal
(Québec) - Histoire - 16e siècle - Ouvrages pour la jeunesse. I. Cartier, Jacques,
1491-1557. *Brief recit, & succincte narration, de la navigation faicte es ysles de
Canada, Hochelaga & Saguenay & autres, avec particulieres meurs, langaige,
& cerimonies des habitans d'ecelles.* II. Titre. III. Collection.

FC301.C37A3 2007   j971.01'13   C2007-942064-8

Imprimé au Canada sur les presses de Transcontinental Métrolitho

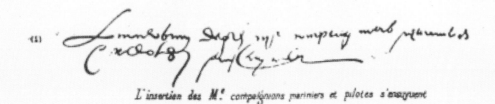

L'insertion des M.ᵉˢ compaignons mariniers et pilotes s'ensuyvent

Jacques Cartier cap.ⁿᵉ)

(Thomas Fourmont Mᵗʳᵉ de la nef)

(Guillᵐᵉ Lebreton Bastille capⁿᵉ
et pilote du Galion)

(Jacq Maingar Mᵗʳᵉ du Galion)

(Marc Jalobert capⁱᵗ et pilote) (2))
du Courlieu,

(Guillᵐᵉ Le Mare mᵗʳᵉ du Courlieu)

(Laurent Boulain)

(Estienne Nouel)

(Pierre Esmery dict Talbot)

(Michel Herue)

(Estienne Rimeuel ou quist.
Reumeuel)

(Michel Audrepore)

(Bertrand Samboste
ou Samboet)

(Richard Lebay)

(Lucas pere Sᵗ Paucampe
ou Lucas Jacq Sᵗ Pammys)

(1) Liste revue avec soin sur le Fac-simile, par C H Laverdière pᵗʳᵉ Bibliothnecaire de l'Univ de Laval, 22 Novembᵉ 1859. Dans
l'original elle est divisee seulement en deux colonnes

(2) C'est le premier nom de la Petite Hermine

À ceux et à celles qui sont « venus d'ailleurs »
À celles et à ceux qui les ont accueillis
F. L.

En 1534, Jacques Cartier, navigateur français, arrive pour la première fois à Terre-Neuve. Il est envoyé par le roi de France, François Ier, avec pour mission de trouver une nouvelle route vers la Chine et les Indes, vers les épices et la soie. Secrètement, il espère aussi découvrir « grant quantité d'or et moult riches choses », comme l'ont fait avant lui les conquistadors espagnols, en Amérique du Sud.

Avant cette date, de nombreux pêcheurs bretons, basques ou normands venaient régulièrement sur les côtes de l'Amérique du Nord pêcher la morue ou chasser la baleine. Mais cette activité saisonnière achevée, ces hommes de la mer retournaient au port, sans avoir cherché à connaître les habitants de territoires qui leur étaient inconnus. Jacques Cartier, lui, va observer, prendre des notes, tracer des cartes, rencontrer les autochtones et tirer profit de leurs connaissances.

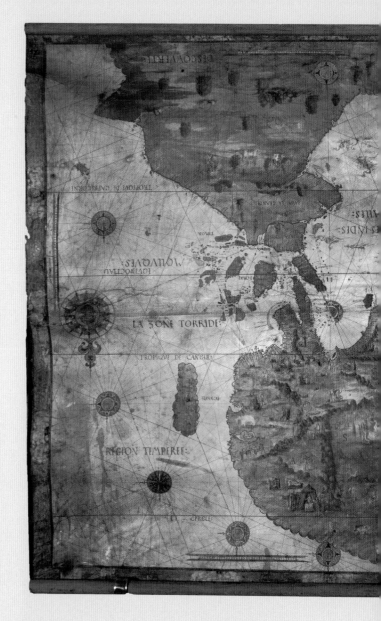

Il fera trois voyages en territoire canadien. Les résultats de ses observations, les noms qu'il a donnés aux lieux se retrouvent sur la plupart des cartes de cette époque, même si nous n'avons

jamais retrouvé ses cartes à lui.
Nous possédons les récits de ses trois
voyages, mais il est possible que les
textes aient été rédigés par un membre
de son équipage.

Carte Pierre Descelliers (1546).
Cette grande carte (près de 4 m de large)
est pour nous à l'envers, puisque le nord
est en bas de la carte. Elle a permis
au roi François Ier de comprendre les
explorations de Jacques Cartier dont
elle illustre « à sa façon » les récits.

Le texte qui suit est tiré d'un récit
de voyage, publié par Jacques Cartier,
*Bref récit & succincte narration
de la navigation faite dans les îles
du Canada, Hochelaga, Saguenay
& autres…* dont vous voyez ci-contre
la page titre.

Nous sommes en 1535

À bord de trois navires, Jacques Cartier et ses hommes entrent dans la vallée du Saint-Laurent. Ils s'arrêtent à Stadaconé, la ville qui deviendra Québec. Puis, à bord de l'*Émérillon*, le plus petit des trois bateaux, ils continuent en amont du fleuve vers Hochelaga (qui plus tard sera appelée Montréal) pour essayer de trouver un passage vers l'ouest.

Mais au lac Saint-Pierre, le bateau ne peut aller plus loin : le fleuve parsemé de nombreuses îles n'est pas assez profond. L'embarcation est trop lourde et peu maniable. Quelques hommes restent à bord, tandis que le reste de l'équipage poursuit le voyage en barques.

C'est ici que notre histoire commence…

F.L.

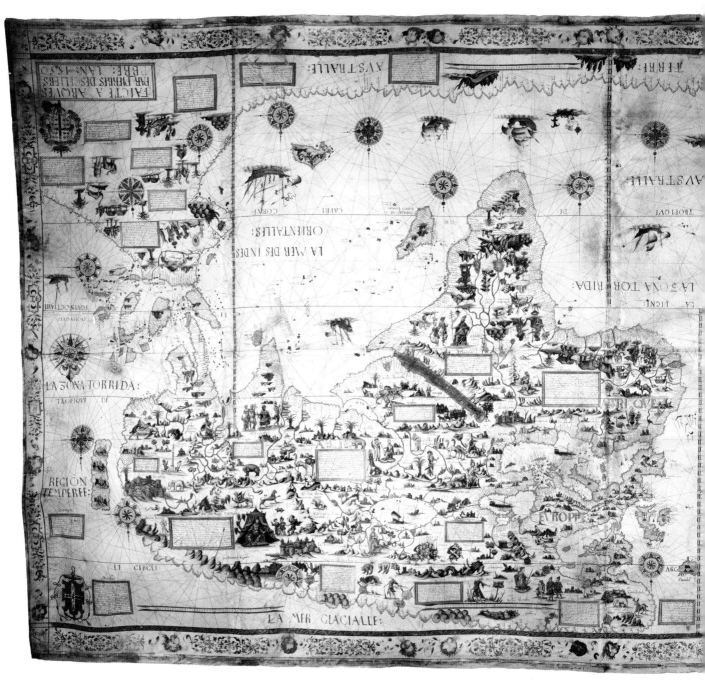

Nostre cappitaine, voyant qu'il n'estoit possible de pouvoir, pour lors, passer ledict gallion, fist avictailler et acoustrer les barques, et mectre victuailles pour le plus de temps qu'il fut possible…

Carte Pierre Descelliers (1550).

Voyant que notre galion ne pouvait passer, le capitaine fit préparer les barques. Il demanda qu'on y chargea le plus possible de victuailles, car le voyage risquait d'être long. Puis, il monta à bord et partit, accompagné de quelques gentilshommes et de quelques marins.

Nous naviguâmes par un temps agréable sur une distance d'environ quarante-cinq lieues et arrivâmes à Hochelaga le deuxième jour d'octobre.

Le lendemain, au petit matin, le capitaine mit ses plus beaux habits★ et nous ordonna de nous préparer avec soin pour aller voir la ville, ses maisons, ses habitants et la montagne adjacente.

Nous suivîmes un chemin bien tracé à travers des terres riches et fertiles. Nous admirâmes des chênes aussi beaux que ceux des forêts de France, sous lesquels le sol était couvert de glands.

Carte Vallard (vers 1547).

★ Il est intéressant de noter, en plus des façons de s'habiller, la présence de femmes dans le groupe des Français. Comme il n'y avait pas de femmes dans le deuxième voyage de Jacques Cartier, nous savons alors qu'il s'agit d'une illustration de son troisième voyage. On pense que c'est Jacques Cartier lui-même qui indique l'ouest de la main.

*Le landemain, au plus matin, le cappitaine se acoustra,
et fict mectre ses gens en ordre, pour aller veoyr la ville
et demourance dudict peuple, et vne montaigne,
qui est jacente à ladicte ville …*

Après avoir marché environ une lieue
et demie, nous rencontrâmes un
seigneur de la ville d'Hochelaga★
accompagné de plusieurs personnes.
Il nous fit signe de nous reposer
près d'un feu qu'ils avaient allumé.

Nous acceptâmes cette invitation.
Notre capitaine lui offrit deux haches,
deux couteaux et un crucifix, des
cadeaux pour lesquels le seigneur
du lieu nous remercia.

*Nous aians marché environ lieue et demye, trouvasmes sus
le chemin l'vn des principaulx seigneurs de ladicte ville
de Hochelaga, avecq plusieurs personnes, lequel …*

★ Cette bourgade située à proximité d'un lac où vivaient de nombreux castors a pris le nom d'Hochelaga, ce qui signifiait « lac aux castors », en langue iroquoise, mais la localisation du site n'a jamais été déterminée avec exactitude. Les historiens pensent que l'agglomération comptait environ deux mille personnes. Le nom d'Hochelaga désignait, à l'époque, à la fois le fleuve qui deviendra le Saint-Laurent, la « province » ou « royaume » et la bourgade elle-même, qui, plus tard, prendra le nom de Montréal.

★ Il s'agit du maïs ou blé d'Inde. La comparaison avec le mil du Brésil ou millet laisse croire que Jacques Cartier était déjà allé au Brésil. Remarquez que le paysage ressemble à l'Europe, puisque les dessinateurs étaient européens et ne connaissaient pas l'Amérique.

Nous repartîmes ensuite et commençâmes à marcher parmi de grands champs où poussaient en abondance ce qui remplace ici notre blé★. Les grains de cette plante sont aussi gros ou plus qu'un pois et le peuple d'ici en fait usage comme du mil au Brésil ou du froment en France. C'est au milieu de cette campagne fertile qu'est située la ville d'Hochelaga, près d'une montagne que nous avons nommée « le mont Royal ».

Ce faict, marchames plus oultre, et envyron demye lieu de là, commençasmes à trouver les terres labourées et belles, grandes champaignes, plaines de bledz de leur terre…

La ville d'Hochelaga est de forme circulaire*. Elle est entourée d'une palissade de bois à trois rangs entrelacés de façon fort complexe. En plusieurs endroits, il y a des sortes de galeries et des échelles pour monter la garde.

On entre et on sort de la ville par une seule porte qui peut être solidement fermée.

L'intérieur de la ville est composé d'environ cinquante maisons longues de cinquante pas ou plus, et larges de douze ou quinze pas. Toutes les maisons sont en bois et elles sont couvertes de larges bandes d'écorces solidement cousues entre elles.

* La parfaite symétrie de ce plan ne correspond sans doute pas à la réalité. Encore une fois, on voit là l'imagination du dessinateur européen.

Ladicte ville est toute ronde, et cloze de boys, à troys rancqs, en façon d'vne piramyde, croizée par le hault, ayant la rangée du parmy en façon de ligne perpendicullaire...

Chaque maison a plusieurs pièces.
Au centre il y a une grande salle au sol
de terre battue où les habitants font
du feu et vivent en communauté.
Chaque maison comprend aussi
des chambres où chaque famille peut
se retirer. Au dessus de l'habitation,
il y a un grenier où est conservé le blé
dont ils font leur pain qu'ils appellent
carraconny.

Avec le blé, les fèves et les pois qu'ils
ont en quantité suffisante, les habitants
de ce village font de nombreux potages.
Ils ont aussi de grosses courges et
autres fruits.

Dans leurs maisons, ils ont de grands
récipients en bois qui sont comme des
tonneaux. Ils y conservent le poisson
séché à la fumée durant l'été, l'anguille
en particulier.

Et par dedans icelles y a plusieurs aistres et chambres;
et au meilleu d'icelles maisons, y a vne grande salle par terre,
où ilz font leur feu, et vivent en communauté…

Ils couchent sur des écorces de bois étendues par terre, avec des couvertures faites de peaux de loutres, de castors, de martres, de renards, de chats sauvages, de daims, de cerfs et autres bêtes sauvages. Ces peaux leur servent aussi à fabriquer des vêtements, même si la plus grande partie d'entre eux sont presque nus.

Du fleuve, ils sortent un coquillage blanc appelé *esnoguy* dont ils font des sortes de colliers. C'est à leurs yeux la chose la plus précieuse du monde, car ils en usent comme nous de l'or et de l'argent.

Ce peuple s'adonne pour vivre au labourage et à la pêche. Ce n'est donc pas un peuple nomade, contrairement aux peuples du Canada ou du Saguenay★.

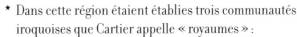

* Dans cette région étaient établies trois communautés iroquoises que Cartier appelle « royaumes » :

1. Le royaume du Canada approximativement délimité à l'est par l'île aux Coudres et à l'ouest par Achelacy (Portneuf). Stadaconé (Québec) en était la bourgade principale.
2. Le royaume d'Hochelaga dont le centre était la ville d'Hochelaga, devenue plus tard Montréal.
3. Le royaume du Saguenay, un lieu mystérieux, riche en métaux précieux et difficile à atteindre.

Et couchent sus escorces de boys, estandues sus la terre, avecq meschantes couvertures de peaulx de bestes sauvaiges de quoy font leur vestemens et couverture ...

★ Remarquez l'enfant qui semble jouer « à cheval ».
Le cheval étant inconnu dans cette région d'Amérique,
on voit là encore la culture et l'imaginaire
de l'illustrateur européen.

Ainsi comme fumes arrivez auprès d'icelle ville, se randirent audavant de nous grand numbre des habitants d'icelle, lesquelz, à leur façon de faire, nous firent bon raqueil…

Lorsque nous fûmes arrivés près de
la ville, un grand nombre d'habitants
vinrent au devant de nous et nous
firent bon accueil, à leur façon.

Des femmes et des filles, dont une
partie avait les bras chargés d'enfants★,
s'assemblèrent. Puis elles vinrent
nous frotter le visage, les bras et autres
parties du corps, tout en pleurant
de joie de nous voir.

Elles nous offrirent à manger et nous
firent comprendre qu'elles souhaitaient
que l'on toucha leurs enfants.

· PORC·EPIC·SAVVAGE ·

Ensuite arriva le roi et seigneur du pays, appelé *agouhanna*. Il était porté par neuf ou dix hommes et assis sur une grande peau de cerf. Cet homme, qui avait l'air malade, était âgé d'environ cinquante ans. À part un bandeau rouge fait de poils de hérisson★ en guise de couronne, il était vêtu comme les autres.

Après qu'il eut fait son signe de salut au capitaine et à ses gens, il montra ses bras et ses jambes au capitaine, lui faisant comprendre qu'il souhaitait qu'il les touche, comme pour demander guérison et santé. Le capitaine lui frotta les jambes et les bras. L'*agouhanna* enleva alors sa couronne et la donna au capitaine. Puis il fit venir tous les malades.

Voyant ce pauvre peuple, le capitaine lut des passages de l'Évangile★★ à tous ces gens attentifs et silencieux qui répétaient chacun de nos gestes.

24

*Après lesquelles choses ainsi faictes, fut apporté,
par neuf ou dix hommes, le Roy et seigneur du pays,
qu'ilz appellent en leur langue « agouhanna »,
lequel estoit assiz sus vne grande peau de serf…*

* Ce que Jacques Cartier appelait « hérisson » était en fait un porc-épic,
animal inconnu en Europe.

** Dans une lettre adressée « au Très-Chrétien Roi François Ier », avant cette
deuxième expédition, Jacques Cartier parle de son désir de propager « la très
sainte foi chrétienne » là où il ira. Lors de son premier voyage en 1534,
Cartier avait fait dresser une grande croix à Gaspé. Devant le mécontentement
des Iroquois de Stadaconé et de leur chef, Donnacona, qui pêchaient sur
ces rivages, Cartier avait expliqué qu'il s'agissait d'un point de repère.

Après cela, le capitaine fit ranger en trois groupes les hommes, les femmes et les enfants. Aux premiers, il donna des hachettes et des couteaux, aux femmes des petites croix et autres menus objets ; puis, il distribua aux enfants des bagues et des médailles pieuses.

Cela fait, le capitaine commanda de sonner les trompettes et autres instruments de musique.

Voyant notre intention de prendre congé, les femmes nous apportèrent des vivres : poissons, potage, fèves, pain et autres choses. Mais comme ces vivres, parce qu'ils étaient sans sel, n'étaient pas de notre goût, nous remerciâmes en disant que nous n'avions pas faim.

Après laquelle, fist ledict cappitaine ranger tous les hommes d'vn cousté, les femmes d'vn aultre et les enfants d'aultre, et donna aux principaulx des hachotz, es aultres des couteaulx...

MONTE REAL.

* Au nord du Saint-Laurent, il s'agit des Laurentides et, au sud, des Appalaches.

** Les barques avaient été abandonnées, selon certains, au Sault-au-Récollet, alors que d'autres pensent que ce serait plutôt avant les rapides de Lachine.

*** Les trois montagnes sont le mont Saint-Bruno, le mont Saint-Hilaire et le mont Saint-Grégoire.

Après que nous fûmes sortis de la ville, nous fûmes conduits sur la montagne nommée par nous « mont Royal ». De là, nous eûmes vue et connaissance sur des montagnes au nord comme au sud★, avec entre elles une belle plaine labourable de chaque côté du fleuve.

D'un côté, il y avait le lieu où étaient demeurées nos barques★★, où il y a un saut d'eau qu'il nous avait été impossible de passer, et de l'autre, le fleuve était large et spacieux et passait auprès de trois belles montagnes rondes★★★.

*Après que nous fumes sortis de ladicte ville, fumes
conduictz par plusieurs hommes et femmes d'icelle
sur la montaigne... par nous nommée Mont Royal,
distant dudict lieu d'vn cart de lieue...*

Après lesquelles choses ainsi venues et entendues, nous retirasmes à noz barques qui ne fut sans avoir conduicte de grand numbre dudict peuple, dont partie d'eulx, quant veoyoient nos gens laz…

Après cela, précédés d'un grand nombre d'hommes et de femmes, nous prîmes la direction du lieu où nous avions laissé nos barques. Certains hommes, voyant nos gens fatigués, les chargèrent sur leur dos et les portèrent comme le fait le cheval.

Nous quittâmes ce peuple avec regret. Plusieurs d'entre eux nous suivirent en aval du fleuve aussi loin qu'ils le purent.

Nous arrivâmes à l'*Émerillon* le quatrième jour d'octobre et nous préparâmes ensuite pour retourner à la province de Canada où étaient demeurés nos navires, la *Grande Hermine* et la *Petite Hermine*.

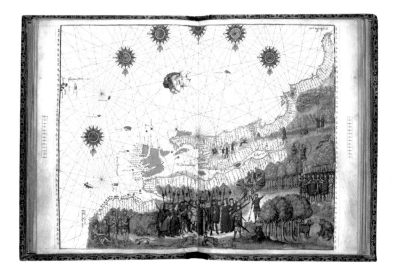

Crédits iconographiques

BAC : Bibliothèque et Archives Canada
MCC : Musée canadien des civilisations
MCCQ : Ministère de la Culture et des Communications du Québec
BAnQ : Bibliothèque et Archives nationales du Québec

Couverture : « La Terra de Hochelaga », plan gravé sur bois par l'Italien Ramusio (1556), paru dans les *Navigationi I viaggi* (détail), BAnQ.
    Navire, dans *La Grande Aventure de Jacques Cartier*, de J. Camille Pouliot, Québec, 1934.
Page 3 : liste des membres de l'équipage de Cartier, BAC.
Pages 4 et 5 : carte de Pierre Descelliers (1546), University of Manchester.
Page 6 : carte de Pierre Descelliers (1550), détail, British Library.
Page 7 : page titre du livre de Jacques Cartier, publié à Paris. BAC.
Pages 8 et 9 : carte de Pierre Descelliers (1550), British Library.
    Navire, dans *La Grande Aventure de Jacques Cartier*, de J.Camille Pouliot, Québec, 1934.
Page 10 : atlas Vallard – carte 9 (vers 1547), The Huntington Library, San Marino, California.
Page 11 : atlas Vallard – carte 9 (détails), BAnQ, The Huntington Library, San Marino, California.
Page 12 : crucifix de plomb, BjFj-003, réserve des collections archéologiques, Ville de Montréal.
    Bol et plateau iroquois, III-I-717 et 754, MCC.
Page 13 : carte Ramusio (détail). « Nous rencontrâmes un seigneur... »
Page 14 : carte Ramusio (détail), BAnQ. « Nous commençâmes à trouver des terres labourées... »

Page 15 : mil ou maïs, dans le manuscrit Drake, The Pierpont Morgan Library.
Page 16 : « La ville est entourée d'une palissade... » Carte Ramusio (détail).
Page 17 : plan de la ville. Carte Ramusio (détail).
Page 18 : préparation d'un repas dans dans le manuscrit Blake, The Pierpont Morgan Library.
Page 19 : meule à main, site Lanoraie, BIFh-1-ca44. Photo : J.Beardsell. MCCQ.
Page 20 : Animaux : carte Vallard (détails), The Huntington Library, San Marino, California..
    Coquillage marin « esnoguy », site McIvor, Ontario, MCC.
Page 21 : perles tubulaires en coquillage marin, site de Mandeville, caFg-1-720.19. Photo : J. Beardsell. MCCQ.
Pages 22 et 23 : « Des femmes et des filles s'assemblèrent... » Carte Ramusio (détails), BAnQ.
Page 24 : porc-épic dans le manuscrit Drake, The Pierpont Morgan Library.
Page 25 : « Le chef portait un bandeau rouge fait en poil de hérisson... » Coiffure en crête, M22245, Musée McCord, Montréal.
Page 26 : « Les femmes nous apportèrent des vivres... », dans le manuscrit Drake, The Pierpont Morgan Library.
Page 27 : médaille pieuse, M1869, Musée McCord, Montréal.
Pages 28 et 29 : « Nous fumes conduits sur la montagne nommée par nous mont Royal... ».
    Carte Ramusio (détails), BAnQ.
Page 30 : « Certains hommes, voyant nos gens fatigués, les chargèrent sur leur dos. » Carte Ramusio (détail), BAnQ.
Page 31 : signature de Jacques Cartier BAC, C-120163.
Page 32 : atlas Vallard – carte 9 (vers 1547), The Huntington Library, San Marino, California.